시간의 가르침

시간의 가르침
거짓 없는 기록자

초판 1쇄 발행 2024년 5월 20일

지은이 이정재
펴낸이 장길수
펴낸곳 지식과감성#
출판등록 제2012-000081호

교정 이주연
디자인 오정은
편집 오정은
검수 정은솔, 정윤솔
마케팅 김윤길, 정은혜

주소 서울시 금천구 벚꽃로298 대륭포스트타워6차 1212호
전화 070-4651-3730~4
팩스 070-4325-7006
이메일 ksbookup@naver.com
홈페이지 www.knsbookup.com

ISBN 979-11-392-1862-6(03100)
값 12,000원

- 이 책의 판권은 지은이에게 있습니다.
- 이 책 내용의 전부 또는 일부를 재사용하려면 반드시 지은이의 서면 동의를 받아야 합니다.
- 잘못된 책은 구입하신 곳에서 바꾸어 드립니다.

지식과감성#
홈페이지 바로가기

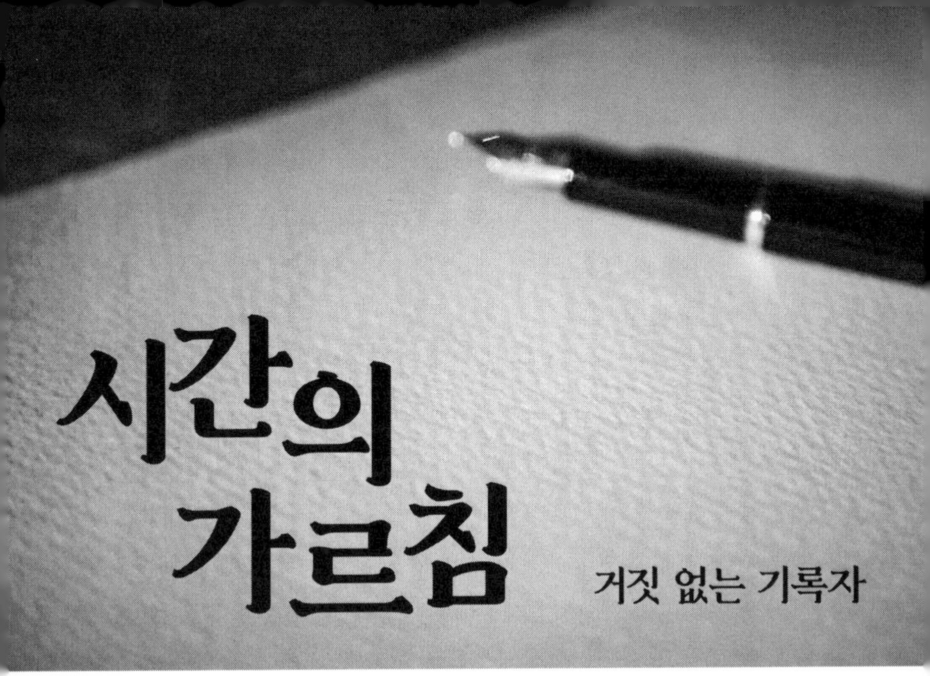

시간의 가르침

거짓 없는 기록자

이정재 저자

시간 안에서의 깨달음은 지혜를 주며

시간 안에서의 진실된 행복은 거짓 없는 웃음을 준다.

지식과감성#

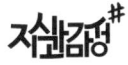

목차

인사 글 ················· 6

시간의 존재와 역할 ········· 8
기록 속의 진심 ············ 21
삶의 의미 ················ 30
기다림 속의 깨달음 ········· 36
나무가 되는 재능 ··········· 42
나를 알아 가는 시간 ········ 48
포기 속에서의 기회 ········· 54
복된 시간 ················ 58
잡념(雜念) ················ 65
기도(祈禱) ················ 71
득실(得失) ················ 75
선택(選擇) ················ 79

의미(意味) ················· 83
여유(餘裕) ················· 87
노력(努力) ················· 91
순리(順理)와 정직(正直) ········· 95
어쩌면 ··················· 99
내 자신의 ················· 100
자신의 ··················· 101
성공한 것은 ················ 102
시간 속에 삶이란 ············· 103

글을 쓰고 난 후 ············· 106
끝인사 ··················· 109

인사 글

혹시 이런 생각을 해 본 적이 있으신가요? "인생은 도대체 왜 살지?" 혹은 비슷한 생각을 가진 적이 있다면 어떤 고민이 많으실 거라 생각됩니다. 왜 '그것'에 대해 생각하고 고민하며 살아가고 있는지 그리고 생각하고 고민하는 것에 대해 또 부정적으로 생각하며 자신을 질타하고만 있지는 않으신가요?

먼저 저는 당신께 이런 말씀을 드리고 싶습니다.

당신께서는 잘 살고 계십니다. 그리고 현명한 사람입니다.

지금 고민을 하고 있는 이유는 당신을 알기 위한 시간이며 잘 살기 위한 과정이라는 것을 잊지 마시길 바랍니다.

자신이 누구인지 알기 위해 그리고 자신이 무엇을

위해 살아가야 하는지 생각하고 노력하는 당신은 정말 멋있는 사람입니다.

누구나 살다 보면 실수할 수 있고, 좌절할 수 있으며, 후회되는 선택으로 자신이 한심하게 느껴지는 경우도 있습니다. 하지만 그것은 당신의 더 나은 삶을 살기 위한 '과정'이라는 것을 절대 잊지 않으셨으면 좋겠습니다. 또한 당신께서 지금 하고 있는 일들이 헛된 시간이 아닙니다. 당신을 위해 그리고 당신이 소중하게 생각되는 사람들과 나라를 위해 최선을 다해 살아가고 있다는 것을 기억하며 오늘도 힘차게 하루를 시작하시고, 매일이 행복한 삶이기를 바라며 인사드립니다.

시간의 존재와 역할

시간은 언제나 나와 함께하고 있다. 그리고 시간은 자신의 주장이나 생각을 먼저 말하고 알려 주기보다 나의 선택에 의하여 일어난 상황에 따라 항상 단호하게 알려 준다. 내가 어떠한 결과를 맞닥뜨리든지 간에 시간은 딱 그만큼의 현실을 보여 준다.

내가 어떤 것을 잘하든 못하든 알든 모르든 모든 것에 있어서 그것에 대한 결과는 냉정하게 '내가 가지고 (알고) 있는 만큼'의 결과를 얻게 하고 보여 주고자 한다. 좋은 쪽이라면 더 좋게 안 좋은 쪽이라면 더 안 좋게 거짓 없이 그대로 알려 준다.

시간이 나에게 알려 주고자 하는 것은 그 선택들 모두가 '내 자신의 선택'에서 일어나는 일이고, 하고자 하는 것이 있을 때 알아야 할 것은 반드시 알고 가야 한다는 것을 알려 주고자 하는 것일 것이다.

우리는 살아가는 과정에 있어서 자신이 옳은 선택을 하는지와 옳지 않은 선택을 하는지에 대해서 모를 때가 있다. 그때 우리는 어떠한 상황을 통해서 자신이 무엇을 하고 있는지에 대해 생각하고, 지금 고민하는 것이 나에게 맞는 건지, 내가 정말로 해야 하는 것인지, 그리고 이 행동을 통해서 내가 무엇을 얻고 무엇을 잃는지에 대해 다시 한번 생각하고 고민함을 통해 선택에 대한 중요성과 책임감에 대한 중요성을 심도 있게 해야 한다는 것을 자신에게 묻고 또 물으며 결정해야 한다고 시간은 말한다. 그리고 내가 어떤 선택을 했든지 그것을 지켜보면서 '나'라는 사람을 기록하며 내가 다시 어떠한 선택의 갈림길에 놓였을 때 시간은 또다시 내가 지나온 기록들을 보며 나에게 묻는다.

시간은 강요하지도, 알려 주지도 않고 그저 나에게 질문을 하며 어떤 선택을 할지에 대한 것만 물어보려고 한다. 그리고 어떻게 선택해야 할지 몰라 물어봐도 시간은 '또 다른 질문'을 하며 정말 나에게 있어 중요한 선택을 해야 할 때 내가 결정할 수 있도록 그리고 왜 그 선택을 했는지에 대해 스스로 알 수 있도록 수많은 질문을 던지고 생각하게 만든다.

그 수많은 질문들 중에는 별로 중요하지 않게 느껴지는 부분들에 대해 물어보기도 하고, 당연히 알고 있는 답에 대한 것을 물어보는 경우도 있다. 우리는 살면서 많은 것들을 겪으며 살아간다. 그리고 살면서 느끼는 것들과 생각과 고민 그리고 실천과 경험의 시간들이 어떤 환경에서 무엇을 겪고 살아가는지 모두가 다르겠지만 그 시간들을 통해 각자 자신들만의 인생을 만들어 가고 있다. 성장할 수 있는 기회, 행복해질 수 있는 기회 등 살아가는 삶 속에서 많은 경험과 깨달음 그리고 성공과 실패를 겪으면서 생각하고 고민하며, 자신을 알 수 있는 시간들을 통해 세상에 대해서도 서서히 알게 되고 어떻게 살아가야 하는지에 대해 또 다른 관점에서 보고 배우며 살아가게 된다. 상황 속에서 나를 알고, 상황 속에서 나를 보고, 상황 속에서 나를 생각하며 성공적인 인생을 위해 내 자신이 처해 있는 환경과 조건 속에서 몸도 마음도 편안하고, 배울 수 있으며 나아갈 수 있는 삶 즉 내가 건강하게 살도록 만들어 주는 환경이 무엇인지 알려 주기 위해 "왜?"라고 반복적인 질문을 하는 것일지도 모른다.

어떠한 상황에서든 항상 시간은 우리에게 그 이유에 대해 묻는다.

알고 있는 답에 대한 것들을 물어보는 것 같고, 의미 없는 질문만 하는 것 같고, 생각하는 것 자체가 사치라고 생각되는 질문들을 하는 경우도 있다. 그 의도를 잘 보면 우리가 놓치고 가는 부분을 짚어 주면서 잠시라도 생각할 수 있는 시간을 통해 더 나은 선택과 기회를 얻을 수 있게 해 주려고 물어보는 것이 아닐까?

우리는 누구나 어떠한 상황을 예상치 못했을 때 맞닥트리게 되는 경우가 있다. 어떠한 일이 잘 안 풀리는 경우일 수도 있고 혹은 반대로 잘 풀리는 일인 경우에 처음부터 다시 한다는 마음으로 그때는 못했던 것을 다시 시작하여 알게 되거나 그때 알았다고 생각되었던 부분을 다시 돌이켜 보면 가벼운 생각으로 혹은 너무 무거운 생각으로 이것을 생각하고 살았구나 하며 깨닫게 되는 시간을 갖게 된다. 그 시간은 인간관계일 수도 있고, 직업적인 일일 수도 있고, 취미일 수도 있다. 그 외에도 많은 일들을 통해 어떤 이유를 가지고 지금의 일들을 행하고 있는지와 무엇을 얻고자 하는지에 대해 시간은 계속 당신에게 "무엇을 위해서 살아가려고 하는 것인가?"라는 시작과 끝의 이유를 끊임없이 물어보며 자신이 해 줄 수 있는 선에서 우리의 삶이 더 좋은 쪽으로 갈 수 있도록 도와주려고 한다.

그 질문들은 어떠한 일을 선택하고 생각하고 고민하며 그것에 대한 좋은 점과 좋지 않은 점을 분별하고 또 그 안에서 거르고 걸러서 최선의 선택지가 나올 수 있도록 만들어 줄 것이다. 가정, 직업(일), 취미 이외에도 많은 것들에서 생각해 볼 수 있고 그 선택지가 나와 내 가족들 그리고 사회와 국가를 위한 귀한 선택지가 될 수도 있다.

시간은 왜 그렇게까지 그 길을 가려고 했는지에 대한 질문과 답을 들으며 내가 정말로 중요하게 생각한 것을 잊고 방황하는 모습을 보일 때 놓치고 있다는 것을 알려 주기 위하여 지속적으로 물어보고 이유를 들고 기록해 두려고 한다. 무언가를 깨닫고 그 깨달음을 기준으로 새로운 목표가 생기면서 미래를 생각하고 도전하는 노력을 통하여 목표와 미래 그리고 꿈을 실현하기 위해 수많은 노력과 성공과 실패의 시간(경험)으로 배움과 인생에 대한 지혜를 얻길 바라고 있다. 인생에 대한 정답은 알 수 없고 어떤 길을 어떻게 가고 해결하는지에 따라 다를 테지만 어떠한 길을 가는 데에 있어 인간으로서 스스로 중요하게 생각하고 책임질 수 있는 것이 무엇인지, 책임지는 삶이란 무엇인지를 각자의 조건에서 살아가며 깨달아 가는 것이 시간이 알려 주고자 하는 것이 아닐까 생각한다.

살아가며, 깨달아 가며 책임질 수 있는 것들 중 가장 내 자신이 알아야 하고 해야(실천) 하는 것은 나를 책임질 수 있는 일 즉 당신의 재능을 발견하는 것이 아닐까?

당신은 재능이 많은 사람이며 당신의 재능은 빛날 준비가 되어 있다. 시간은 당신의 재능을 잘 알고 있고 무엇을 먼저 꽃피워야 하는지 알고 있기에 지금도 계속 여러 질문들을 던지고 있다.

  그중에서 우리 자신들이 알아야 하는 진짜 재능은 '나를 아는 것'일지도 모른다.
  누구에게나 주어진 재능 즉 나를 알고 성장시키는 재능을 안다면 자신이 정말로 추구하는 삶이 무엇인지 알게 될 것이다. 정말로 좋아하는 것들과 싫어하는 것들 그리고 무엇을 발전시켜야 하는지를 생각하고 고민하는 시간을 통해 자신이 어떤 사람인지를 아는 것 그리고 또 더 알아 가는 것이 우리 자신들이 가장 알아야 하는 재능이라고 시간은 말해 주고 있다. 그리고 이 재능을 통해 알게 되는 시점으로부터 더 많은 재능들이 있다는 것을 깨닫게 된다.

  그 과정에 있어 자신이 해야 할 것과 하지 말아야 할 것 그리고 즐겨도 되는 것과 즐기지 말아야 할 것 등 이러한 부분들을 점차 알게 되고 경각심을 가지고 지내면서 우리는 반드시 각자 개인의 숨겨진 재능을 하나하나씩 발견하게 된다. 재능이라 생각했던 것이 아닐 때도 있고 생각하지 않았던 것이 엄청난 재능인 경우도 있다. 그리고 재능이긴 하지만 지금의 환경에서는 발전시키기가 어려운 것들도 반드시 있다. 여기서 기억해야 하는 것은 한 가지의 재능에만 너무 몰두하면 안 되는 경우도 있다는 것이다. 오히려 해내겠다는 생각과 노력한다는 것이 욕심이 되어 자신을 망쳐 버리는 행위가 된다면 그리고 그 재능을 만약 완전히 잃게 된다면 되돌릴 수 없는 후회와 낙심으로 인해 다른 재능들마저 잃어버리는 상황이 될지도 모른다.

우리는 사람이다. 그렇기에 지칠 때도 있고 싫을 때도 있고 때로는 나태해질 때도 있다. 이것을 그냥 삶의 일부분이라 생각하고 부정적이지도 않고 긍정적이지도 않게 받아들이며 자신의 상태를 받아들이고 무엇을 해 줘야 하는지를 생각하며 앞으로 살아갈 날들을 고민해 보는 것이 좋은 선택을 할 수 있는 시간일지도 모른다. 하지만 우리는 사람이기에 삶의 일부분으로 받아들여지지 않을 때가 분명 있고, 부정적이거나 긍정적이게 느껴질 때도 반드시 있다. 이것 또한 인생이고 과정이다. 아무리 생각해도 부정적인 것에서 벗어날 수 없는 상황을 맞닥트렸다면 최소한 내 자신까지 놓아 버릴 정도로 만들지 않아야 할 것이다.

그 방법은 사람마다 조금씩 다르겠지만 그 핵심은 '책임감'을 잃지 않고 계속 생각하며 선택을 하는 것이 아닐까?

선택과 책임은 비례한다고 생각한다. 내가 무엇을 선택을 했는지에 따라 상황이 바뀌고 또 바뀌어 간다. 만약 지금까지의 선택으로 많은 것을 잃고 후회가 많은 상황이라고 한다면 앞으로의 삶도 무조건 계속 잃으면서 후회만 하는 삶을 살게 되는 것일까? 그것은 절대 아니다. 적어도 지금의 당신은 그러한 선택을 하지 않기 위해, 힘을 얻어 좀 더 나은 내일을 살기 위해 이 책을 읽고 있는 것이고, 다른 책들과 미디어 매체를 통해 무언가를 배우려고 노력하고 있을 것이다. 그렇다. 당신은 이미 자신을 위해, 더 나은 삶을 살게 해 주기 위해 노력하고 있다.

즉 시간이 우리에게 알려 주고자 하는 것은 삶 자체가 어떠한 이유를 알기 위해 각자의 경험을 통해 알아가라는 것이라고 볼 수 있지 않을까? 시간은 거짓을 말하지 않고 행하지 않는다. 그저 있는 그대로 나의 모습을 기록하고 그에 따른 과정과 결과를 기록하며 알려 준다. 나의 선택에 대한 중요성과 책임감을 물어보고 내가 어떤 선택을 하든지 그것을 지켜보면서 '나'라는 사람을 기록한다. 내가 다시 어떠한 선택의 갈림길에 놓였을 때 시간은 또다시 내가 지나온 기록들을 보며 나에게 묻는다.

나를 아는 것이 가장 중요한 재능이라고 했을 때 나를 알았다면 그다음은 실천으로 옮기는 것일 것이다. 그 과정에서 생각과 고민을 하며 더 나은 선택을 통해 어떠한 환경에서 할 수 있는지와 그 환경 속에서 많은 것들을 경험하고 느끼면서 많은 재능들을 발전시켜 가게 된다. 그렇게 목표로 삼았던 '내가 진짜로 원하는 삶'으로 살아갈 수 있도록 하는 것이 시간이 우리에게 알려 주고 싶어 하는 부분일 것이다.

모든 일을 통해서 당신의 장점과 단점을 발견할 수 있고 장단점은 무엇을 하고 있는지, 어떤 상황을 겪고 있는지에 따라 또 달라질 수도 있다. 그리고 그 시간들을 거치면서 자신만의 재능을 찾을 수 있는 기회를 얻고 더 발전할 수 있는 상황을 만나게 될 수도 있다. 단지 시간의 차이와 내 자신이 받아들일 수 있는 상황이 되었는지에 따라 시기만 다를 뿐 우리는 언제나 기회를 얻고 있다.

시간은 나에게 질문을 하고 내가 어떤 선택을 할지에 대한 것만을 물어보며, 어떻게 선택을 해야 할지 몰라 물어보더라도 '다른 질문'으로 나에게 또 다른 '선택'을 하도록 유도한다. 그 이유는 정말 나에게 있어 중요한 선택을 해야 할 때가 왔을 때 스스로 결정할 수 있도록 하기 위해서, 그리고 왜 그 선택을 했는지에 대해 스스로 알 수 있도록 하기 위해서 수많은 질문을 던지고 생각하게 만드는 것이 아닐까? 선택의 기로에서 자신의 장점과 단점을 통해 발전시킬 것과 고쳐야 할 것을 노력하여 자신감을 얻고, 깨달아 가는 과정 속에서의 성장을 통하여 재능을 발견하고 성장과 발전의 참된 의미를 알아 가기를 바라는 것 그것이 시간이 우리에게 가장 알려 주고픈 것일지도 모른다. 왜냐하면 그의 역할이 기록자이기 때문이다.

기 록 속 의 진 심

당신은 자신을 보고 자신에 대해서 생각하는 시간을 가져 본 적이 있는가?

자신이 무엇을 좋아하고 싫어하는지 그리고 좋아하는 이유와 싫어하는 이유 또는 말과 행동을 하는 모든 것에 있어서 자신에 대해 연구하듯 자신의 모습들을 보려 노력하고 또 어떤 사람인지와 어떤 길을 걸으며 살아왔는지 등 자신의 기록을 궁금해한 적이 있는가?

적어도 시간이 기록하고 있는 노트에는 거짓 없는 기록으로 축적된 내 모습을 볼 수 있을 것이다. 그 속에는 내 자신도 잊고 있거나 모르고 있었던 중요하고 소중하게 생각하고 있던 것들이 적혀 있다. 시간의 노트를 통해 나라는 사람을 보게 되면 처음에는 어색하고 알면 알수록 창피함이 몰려온다. 부정하며 세상 속 가면 쓴 자신의 모습이 진짜라 하기도 하지만, 그 모습을 알게 된 시점에서 시간이 기록한 자신의 모습을 더 자세히 들여다보려 하게 된다. 내가 어떤 생각과 감정으로 살아왔는지 그리고 그것을 통해 어떤 환경에 놓여 있고, 그 속에서 자신이 어떤 말과 행동을 하며 살아왔는지 평소의 모습을 돌이켜 보며 나름대로의 변화를 주려고 노력한다.

'저자 당신은 어떻게 자신 있게 볼 수 있고 변화를 주려 한다고 말할 수 있는가?'라는 생각을 가질 수도 있을 것 같다. 이 부분에 대해 자신 있게 꺼낼 수 있었던 이유는 '살고 있기 때문'이라고 말하고 싶다. 살다 보면 누구에게나 좋은 일이 있고 안 좋은 일이 있으며 그저 그런 일도 있다. 일의 정도와 만족, 불만족 등은 모두 다르겠지만 살고 있기 때문에 더 나은 삶을 만들어 가려고 노력하고 있는 것은 우리 모두 똑같다고 생각한다. 그 이유는 지금 당신의 삶을 알 수는 없지만 적어도 당신이 열심히 살아가기 위해 노력하고 있다는 것을 알고 있기 때문이다. 누구보다 열심히 살고 있고 잘 살아 보기 위해 인터넷 매체와 책을 통해서 삶에 도움이 될 만한 무언가를 찾아 자신에게 자신감과 행복을 주기 위해서 살고 있는 당신에게 조금이라도 힘이 되기를 바라는 마음에 책으로 이와 같이 전해 보고 있다. 또한 다른 곳에서도 힘을 얻기를 바라고 희망과 용기를 가지며 살아가는 당신의 시간 속에서 소중한 사람들과 함께 행복을 나누고 전하는 기록자가 되어 서로가 할 수 있는 것으로 행복한 삶을 만들어 서로에게 도움이 되고 힘이 되는 삶이 되기를 바란다.

당신이 힘이 되어 주고 싶은 것이 사람일 수도 있고 동물일 수도 있고 식물일 수도 있을 것이라 생각한다. 그리고 그 외의 모든 살아 있는 생물에게 힘이 되어 주고 싶어 할 수도 있을 것이다. 또한 동물과 식물들도 마찬가지로 우리에게 위로가 되어 주고 힘이 되어 준다. 우리는 함께 살아가고 있기 때문에 각자 자신들의 역할로 살아가고 있는 것이 아닐까?

동물과 식물은 각자 자신들이 맡은 역할을 행하며 자연을 위해, 자신들의 생태계를 위해, 모든 것을 위해 자신들이 할 수 있는 역할에 충실하면서 살아간다. 특히 우리에게 친숙한 반려동물들의 역할은 무엇일까? 바로 우리에게 기쁨을 주는 일일 것이다. 그 기쁨이란 그저 바라만 봐도 예쁘고, 건강하게만 잘 지내서 함께 할 수 있는 시간 자체를 소중하게 여길 수 있도록 해 주는 존재 자체의 모습일 것이다. 식물들은 그 모습 자체가 반려동물과는 다르게 아름답고 예쁜 모습 그리고 건강한 이파리와 줄기 등으로 바라만 봐도 뿌듯하여 우리를 행복하게 만들고 마음을 편안하게 해 준다. 그리고 동물들은 가족(주인)을 위해 가족의 모습을 항상 주시하고 이상이 생기면 짖음과 울음을 통해서 그리고 어떠한 몸짓과 다른 표현을 통해 상황을 알려 준다. 우리는 잘 못 느끼지만 식물들도 자신의 일을 잊지 않고 사람들을 위해 열심히 일을 해 주고 있다. 곤충과 벌레들, 바닷속의 생물들과 우리가 쉽게 접하지 못하는 곳에서 살아가고 있는 생물들 모두 자신들의 위치에서 최선을 다해 맡은 역할을 끊임없이 해 주며 서로의 도움 속에서 살아가고 있다.

시간도 마찬가지로 자신의 위치에서 역할을 열심히 해 주면서 우리 모두가 조화롭게 살아갈 수 있도록 해 주고 있다. 당신이 어떤 삶을 살고 있고 어떤 생각으로 살아가든지 시간은 당신을 응원하고 있고, 어떠한 길을 가든지 항상 지켜보고 있으며, 당신이 더 나은 삶을 살기를 바라며, 응원하고 있다는 것과 선택을 존중하되 옳고 그름에 대해서는 확실하게 알려 주고 싶어 하고 있다. 때로는 부모님과 형제자매처럼, 스승님처럼, 친구처럼 항상 지켜보며 어떤 상황에 놓여 있는지에 따라 맞춰 도와주려고 한다.

시간은 우리에게 진심(眞心)으로 자신과 지내야 된다고 말하고 있다. 일을 해야 할 때는 일에 진심을 다하고 휴식을 취할 때는 쉼에 진심을 다하듯, 거짓이 없는 마음으로 모든 일을 행하고 힘내기를 바라고 있고 진심으로 우리가 잘 지내기를 바라기 때문이다. 그렇다면 시간이 우리에게 진심을 다해 알려 주고 도와주려 하는 것처럼 내 자신은 나를 위해 어떻게 진심을 다해 지내야 하고 무엇을 중요하게 생각하며 살아가야 하는 것일까? 시간의 기록 속에는 나를 중점적으로 기록하고 있지만 나라는 사람만 기록하는 것이 아니라 나와 관련된 모든 사람들과 환경 등 모든 것을 기록하고 있다. 그렇기에 내가 나로서 나를 위해 살아가기 위해 꼭 기억하며 지내야 하는 것은 '모두를 위해' 살아간다고 생각하는 것일지도 모른다. 사람은 모두 엄마를 통해 배 속에서 성장한다. 태어날 때 의사 선생님들과 간호사분들을 통해 엄마는 새로운 생명을 맞이하는 순간을 배우고, 의사 선생님과 간호사분들은 엄마와 아기가 건강하고 안전할 수 있도록 서로가 준비하고 배우게 된다.

여기서 얘기하는 아기를 '나'로 생각해 본다면, 아기(나)는 엄마 배 속에서부터 영양분을 받아 성장하면서 건강하게 자라는 법을 배우고 익히게 된다. 그리고 그 과정 속에서 엄마의 생활과 태교를 통해 듣고 느끼는 것을 배우며 10개월이라는 시간 동안 아기(나)는 '나'라는 사람의 기초적인 것을 익히게 된다. 엄마도 몸과 마음을 최대한 좋은 쪽으로 만들어 아기(나)를 건강하게 낳기 위해 노력하고, 만나는 날에는 엄마와 아기(내)가 서로 힘을 내어 세상 밖으로 나오게 된다. 그때 아이(나)의 우렁찬 울음소리는 그 자리에 있는 모든 사람들에게 기쁨의 소리로 들리고 그 소리가 건강하게 세상에 나왔다는 아기(나)의 대답으로 들리게 된다. 그 이후 아기(나)는 자고 깨는 것을 반복하며 삶에서 가장 중요한 표현과 쉬는 법을 스스로 터득하고 연습한다. 그리고 먹는 법과 소화시키는 법, 배변 활동에 대한 것을 배우고 반복을 통해 적응하여 세상을 더 잘 살아가기 위한 연습을 한다.

이 시기에 아기는 모든 표현을 우는 것으로만 하게 되는데 그것을 통해 부모도 아기가 왜 우는지에 대해 알려고 노력하고 어떤 것을 해 줬을 때 편안해하는지를 중점으로 아기를 알아 가게 된다. 이때 부모는 왜 아기에게 지극정성으로 대하는 것일까? 왜 아무리 힘들고 지쳐도 아기를 위해 어떠한 힘듦도 이겨 내려 하는 것일까? 그 이유는 진심으로 잘 지내 주기를 바라기 때문일 것이다.

나를 위해 진심으로 살아간다는 것은 어쩌면 '받은 만큼 돌려주는 것'이 아닐까 생각해 본다. 시간은 이와 같은 일들을 모두 기록하고 있고 나라는 사람이 어떤 환경에서 사랑을 받고 태어날 때부터 지금의 내가 되기까지 진심으로 나를 위해 노력해 주신 분들이 있다는 것을 기억하며 살아가라고 얘기해 주고 있는 것이 아닐까?

그렇기에 누군가는 잘 지내 주길 바라고, 또 다른 누군가는 잊지 않기를 바란다는 것을 기억하여 나를 위해 진심으로 하루하루를 소중히 살아가는 것이 중요한 것이고 효도가 아닐까?

나는 당신이 살아온 삶을 모르고 지금은 어떤 환경에서 살고 있는지도 모른다. 하지만 그럼에도 조금 더 웃을 수 있는 생활을 하였으면 좋겠고, 조금 더 자신을 생각하고 챙겼으면 좋겠고, 조금 더 소중한 사람들을 위해 힘을 내어 살았으면 좋겠다는 마음이다. 받은 만큼 돌려준다는 것은 꼭 엄청난 물질로 보답하는 것만이 아닐 것이고 또 엄청난 재능과 학력과 이력만이 아닐 것이다. 가장 좋은 효도, 사랑, 우정, 배려는 진심을 담아 함께 웃으며 잘 살아가는 것이 나를 위해 써 나가야 하는 기록이자 순리대로 살아가는 것이 아닐까?

삶의 의미

사람은 누구나 잘하고 싶은 마음이 생기게 되면 의미를 갖고 노력하게 된다. 그리고 그것을 통해 결실과 자신의 가치를 굉장히 높일 수 있다고 생각하게 되고 목표로 삼은 지점까지 될 수만 있다면 빠른 시간 안에 도달하고 싶어 하게 된다. 이때 시간은 우리에게 "왜 그렇게까지 빨리 도달하고 싶어 하는가?"라고 묻는다.

우리는 당연히 '안정적인 삶과 원하는 삶을 위해'와 같은 대답을 할 것이다. 시간이 물어보는 의도와 이유는 무엇일까? 그 이유는 더 확실하게 성공시켜 주기 위해서라고 생각한다. 왜 안정적이게 되었는지 그리고 무엇을 원하는지, 단순히 돈이 많아서가 아닌 어떻게 돈이 많아졌고 관리가 되고 있는지 그리고 지금부터 앞으로의 일들을 어떤 식으로 고민하고 행하려는지에 대해 더 구체적으로 할 수 있도록 시간은 지속적으로 질문해 준다. 또한 그저 성공하기만을 원하고 물질적으로 많기만을 원한다면 시간은 "때가 되지 않았는데 굳이 그곳에 지금 도착하려는 것인가?"라고 묻는다.

어떤 상황에서든 시간은 끊임없이 질문하며 어떤 선택을 하는지와 그에 따른 이유를 듣고 의미를 지속적으로 묻는다. 내 자신이 진정으로 하고자 하는 것, 살고자 하는 것 등을 혹시 잊은 채 가고 있는 것은 아닌지 그리고 지금 잘못된 길로 가고 있는 게 아닌지 생각하고 볼 수 있도록 해 주기 위해서 시간은 지금도 앞으로도 우리에게 끊임없는 질문들을 던질 것이다. 그 질문들의 핵심은 '자신다운 삶과 소중한 사람들과 함께하는 삶'에 대한 것이라 생각한다.

혼자서 가야 할 때는 어떤 길로 가야 하는지 그리고 누구와 함께하였을 때 어떻게 가야 하는지에 대해 시간은 도와주려고 하고 있다. 그 '모든 것'의 핵심은 생각을 통해 더 성숙해지고 발전하고 있는 나 자신을 만나면서 내 자신과 함께 세상을 보고 배우며 경험과 깨달음을 통해 나라는 존재의 인생의 의미를 하나하나 만들어 가게 되는 것이 아닐까? 그 의미는 각자의 삶에서 과정이 다르겠지만 다르기에 서로가 서로의 모습을 보며 생각하고 고민하면서 배우고 각자 자신들만의 과정과 결과를 통해 각자의 삶과 모두의 삶을 만들어 나가는 것일지도 모른다.

 삶이란 끊임없는 물음표 속에서 의미를 찾아 살아가는 것일지도 모른다. 그리고 그 의미들이 모일수록 나를 알게 되고 가족을 알게 되고, 친구를 알게 되고, 연인을 알게 되듯 더 나아가 한 단체로서, 한 국가로서 등 의미를 찾고 의미가 모이고 여러 의미가 공존하는 세상이 되는 것이 삶의 의미일 것이다.

 시간은 당신이 혼자서 무엇이든 해내는 것을 원치 않는다. 왜냐하면 빨리 도달하는 것과 때가 되지 않은 것에는 욕심이 앞서는 수가 있을 수 있기 때문이다. 욕심이 생긴다면 빨리 얻고자 하는 마음과 그에 따른 생각과 고민만을 하게 될 것이고, 그렇게 된다면 수단과 방법을 가리지 않는 오직 성공이란 것에만 집착하면서 잘 살아 보자는 목적은 잊은 채 '의미 없는 성공'의 쾌락만을 얻고자 할지도 모르기 때문이다.

욕심으로 인한 성공은 보여 주는 것들에만 치중될 수 있고, 소중함을 모른 채 인의를 잊어버릴지 모른다.
 욕심으로 인한 관계는 진심이 없을 것이고 결국 후회만이 가득한 외톨이가 될 것이다.

 내 자신이 어떤 곳에서 어떻게 어떤 마음으로 행했는지의 결과는 반드시 그대로 나타나게 될 것이다. 그 대가의 결과가 바로 나타나는 경우도 있겠지만 한참 뒤에 나타는 경우도 있다.

 시간은 여기서 "자신을 속이지 말라."라고 얘기한다. 무슨 일이든 어떤 생각과 마음으로 했는지, 그때의 생각과 마음이 혹은 지금의 생각과 마음이 어땠고 어떤지가 중요하다고 말한다. 자신에게 솔직하지 못할수록 무엇을 위해 일하고 생각하며 배려 등을 왜 하는지에 대해 회의감이 들게 되고 그로 인해 여러 부정적인 생각이 들면서 이유 모를 답답함을 해결하기 위해 당장의 즐거움과 쾌락에 의존할 수 있고 무언가에 집착하듯 특정 행동을 하게 될 수도 있기 때문이다.

그로 인해 내 자신의 상태를 알지 못한 채 특정 행동을 하게 되면 사람들은 그것을 모르지 않을 것이고 오히려 그것을 이용하는 사람 또는 그것을 진정으로 걱정하는 사람도 있을 것이다. 지금 어떤 사람을 만났든지 가장 중요한 것은 내 자신이 지금 어떤 상태인지 알아야 하는 것일 것이고 또한 내 자신의 상태에 따라 어떤 사람이 나에게 어떻게 대하고 어떤 식으로 나를 상대하려 하는지 스스로 파악할 수 있어야 할 것이다. 왜냐하면 이 부분은 나만을 위한 것이 아닌 서로를 위한 것이기 때문이다.

기 다 림 속 의 깨 달 음

모든 것에는 과정이 있고 결과가 있듯 과정 속에서 성장하고 결과 속에서 성장하는 것이 우리의 인생이 아닐까? 시간은 과정과 결과 모두 중요하다고 말한다. 그 이유는 무엇일까?

우리는 아기로서, 어린이로서, 청소년으로서, 청년으로서, 어른으로서 나이가 들어간다. 살아가는 환경은 모두가 다르지만 정직한 시간 속에서 사람과 환경을 통해 많은 것을 경험하고 배우고 깨달으며 살아간다. 그중에서도 가장 크게 느끼지만 때로는 가장 크게 느끼지 못하는 것은 '시간은 언제나 한결같이 일정하게 흐른다는 것'이다.

우리는 시간에게 기다리는 것에 대해 배워 왔고 지금도 앞으로도 배우고 배우게 된다. 누구나 어릴 때는 빨리 어른이 되고 싶었던 적이 있었을 거라 생각한다. 하지만 빨리 어른이 될 수 없고 얼른 지나가기를 바라는 시간도 빠르게 가지 않는다. 그것을 인식하고 인정하며 지금 내가 해야 하는 일과 해서는 안 되는 일 그리고 할 수 있는 일과 할 수 없는 일들을 분별하는 법을 배우고 실천하다 보면 앞자리의 숫자와 뒷자리의 숫자가 10대, 20대, 30대로 계속 변하듯이 지금 내 자신의 나이에 맞게 노력하며 책임 있는 삶을 살아가게 된다. 그러면서 점차 20대가 되는 준비를 하고 30대가 되어 가는 준비를 하며 40, 50, 60 그 이상의 나이대를 준비하며 시간을 알아 가는 것이 우리의 인생이 아닐까?

시간은 우리에게 무엇을 기다리라고 하는 것일까? 그리고 기다린 만큼의 보상은 어떤 것이고, 내 자신이 만족할 만한 보상인 걸까? 사람마다 살아가는 목적은 다르고 해내고자 하는 기준도 모두 다르다. 같은 길을 향해 가는 듯하지만 각자 비슷하면서도 다른 신념을 갖고 목적지를 향해 달려간다.

누군가는 평범한 삶을 살아가고 있고 또 다른 누군가는 평범하지 않은 삶을 살아가고 있을지도 모른다. 하지만 여기서 기억해야 하는 것은 시간은 당신을 기준으로 얘기하고 알려 주고자 한다는 것이다. 과도한 경쟁은 나라는 존재를 어딘가에 가둬 둔 채 세상 속에서 쓸모 있는 로봇처럼 만들고 그저 비싼 자재로 만든 의미 없는 동상처럼 내 자신을 가꾸기만 할지도 모른다. 당신의 원하는 진짜 삶은 어떠한 삶인가? 시간은 이것에 대해 끊임없이 당신에게 계속 물어보고 당신의 삶에 맞는 선택을 하면서 살아가기를 원하고 있다. 그렇기에 우리는 살아가는 것 자체가 인생에 대한 가르침을 받는 것일지도 모른다.

그것이 무엇이고 어떤 것이며 왜 그런 것인지는 각 개인마다 시간이 보는 대로 알려 주게 될 것이다. 각자 무엇을 좋아하고 싫어하는지도 다르기에 어떤 것을 잘하고 못하는지에 대해 시간은 각자의 우리에게 다른 방법으로 알려 주고자 하는 것이 아닐까? 그렇기에 시간은 내 자신이 처한 상황이 어떤지, 어떤 기준을 가지고 어떤 식으로 노력하는지 그리고 어떻게 받아들이고 생각하여 해결해 나가는지에 대해 유심히 보고 질문해 주면서 나의 선택에 따라 그에 따른 과정과 결과가 나오게 된다는 것을 알려 주려고 하는 것일지도 모른다.

여기서의 핵심은 바로 '누구도 나와 똑같지는 않다는 것'이고 당신이 겪은 그 '길'은 당신만의 것이라는 것이다.

만약 누군가 당신의 길을 가려고 한다면 참고하여 비슷하게 흉내 내는 정도로는 할 수 있겠지만 그대로 똑같이 살아갈 수 없고 할 수도 없을 것이다.

왜냐하면 나는 '당신'이 아니기 때문이다. 우리는 모두 각자 잘하는 것들이 반드시 있다.

시간은 그것을 알고 있기에 나에게 맞는 길이 뭔지 성공과 실패를 통해 그리고 과정과 결과들을 통해서 나라는 존재에게 질문하고 나라는 존재와 함께 답을 찾을 수 있도록 계속 질문을 해 주면서 생각하도록 만들어 주려고 한다. 그 수많은 질문 중에는 이해가 되지 않는 부분도 있을 것이고 부정적인 생각이드는 것도 있을 수 있다. 때로는 좌절을 할 수도 있고 때로는 생각을 조금 바꾼 것만으로도 엄청난 깨달음을 얻는 경우도 있다. 또한 이런 경우를 경험한 적이 있을 것이다. 누군가에게는 별것 아닌 일일 수도 있지만 또 다른 누군가에게는 엄청난 깨달음을 얻는 일일 수도 있고 지금은 별것 아닌 일처럼 느껴지고 무관심했지만 나중에 돼서야 '아!' 하며 그때 일을 기억해 내고 어떠한 동기 부여와 깨달음을 얻는 경우도 있을 것이다.

  수많은 경험을 해도 실수와 실패를 겪는 이유는 왜일까? 그 이유는 우리는 인간(人間)이기 때문이라고 생각한다. 인간이기에 각자가 생각하는 사회를 위해 노력하면서 부딪히고 생각하고 고민하며 타협을 이루어 살아간다. 그 과정에 있어서 그때는 이해하지 못한 것을 나중에 이해하고, 화합하여 자신을 위해 그리고 소중하게 생각하는 사람들을 위해 조금씩이라도 맞추어 성장하는 것이 우리의 인생일 것이다. 인간을 위해, 동물과 식물 그 외 모든 생명체들이 조화롭게 살 수 있는 사회를 만들기 위해 실수와 실패를 하는 것일지도 모른다. 실수를 덮으려 하지 말고 실패를 두려워하지 않고 인정하며 나아간다면 반드시 모두가 살아갈 수 있는 세상을 통해 기다림 속에서 얻는 깨달음을 매일 매일 우리 모두가 기억하며 살아갈 것이다.

나
무
가

되
는

재
능

우리는 각자 자신의 재능들로 사회를 만들어 나가려 하고 있다. 지금 자신의 재능에 대해서 잘 알고 있어서 그 능력을 극대화시키기 위해 노력하고 있거나, 자신의 재능이 무엇인지 알고 싶어 찾고 있는 경우와, 지금 가지고 있는 것이 재능인 줄 모른 채 살아가고 있는 사람도 있을 것이다. 당신은 지금 자신의 재능을 알고 있는가? 재능은 뿌리와도 같다. 한 가지 재능을 단단하게 만들어 나가면 처음에 단련했던 재능을 기반으로 더 단단한 뿌리들을 만들 수 있게 되고 그것이 중심이 되어 서서히 커질수록 할 줄 아는 것이 많아지고 제대로 된 능력을 갖춘 단단하고 아름다운 나무로 자리 잡아 갈 것이다.

당신의 재능을 통해 사람들은 희망을 얻을 수도 있고, 재미를 얻을 수도 있고, 편안함을 얻을 수도 있다. 그리고 그 이외에 좋은 영향들을 주게 되면서 다른 이들의 재능을 발견할 수 있도록 해 주고 또 당신은 자신의 재능을 통해 '또 다른 재능들'을 발견하게 되면서 할 수 있는 것이 많은 사람이 되어 가고 있을지도 모른다. 하지만 여기서 또 중요한 것은 '모든 것'을 잘할 수는 없다는 것이고 다 잘할 필요도 없다는 것이다. 왜냐하면 우리는 더불어 살아가는 존재들이기 때문이다.

 그것을 더 발전시키기 위해 노력하는 당신에게 꼭 전하고 싶은 말은 그 재능은 당신에게 있어서도 소중한 것이지만 다른 사람들에게도 소중하다는 것이다. 그러니 자신만 잘한다면, 모든 일이 잘 풀리고 무조건 행복하게 살 수 있다는 생각을 가지고 있다면 조금만 생각을 바꿔 생활해 보기를 바라는 마음이다. 왜냐하면 당신이 살아가는 인생에 '외로움'이 커질지도 모르기 때문이다. 당신도 누군가의 도움을 받아야 한다. 그리고 누군가에게 도움을 주기도 해야 한다.

 지금 당신이 열심히 하려는 이유는 잘 살아가기 위해서일 것이고, 돈을 많이 벌고, 건강하고, 하고 싶은 일을 하며, 자유롭게 시간을 보내는 등 '행복한 삶'을 살아가기 위해서일 것이라 생각한다.

그런 걸 알고 있는 시간은 당신에게 이런 질문을 하고 있을지도 모른다. 정말 지금 그 일을 해야 하는 것인지 그리고 정말 진심으로 원하는 삶을 위해서 하는 것인지 말이다. 당신이 정말 원하는 삶에 대해서 시간은 알고 있고, 당신이 간절히 원하는 삶으로 가길 원하기에 계속 질문을 던져 주고 있다는 것을 잊지 말고, 혼자서 살아간다는 생각보다 나를 언제나 지켜 주는 이가 있다 생각하며 긍정적으로 살아가 주기를 바란다. 당신이 원하는 삶이 누군가와 함께 잘 지내고 싶은 삶일 수 있고, 정말 그냥 편하게 지내는 것 외에 당신이 생각하는 삶일 수도 있을 것이다.

그렇기에 당신이 어떤 삶을 생각하고 계획하고 있든지 가장 중요한 것은 회피하고 외면할수록 외로워질 수 있다는 것을 기억했으면 한다. 내 자신이 어떠한 상황이 닥치더라도 자신을 속이지 말고 시간의 질문과 조언도 생각하며 선택에 대한 신중함과 냉정함을 잃어서는 안 될 것이다. 어떤 곳에서 나라는 사람이 행복해하고 편안해하는지와 괴로워하고 불편해하는지 등을 느끼고 기억하며 왜 그러는지에 대해 깊이 고민해 봐야 할 때도 있을 것이다.

내 자신이 잘되기 위해서, 내 자신이 무조건 완벽해 지는 것을 통해 나를 변화시키거나 남들을 변화시키는 것이 아닌 조금은 부족함을 통해 도움을 주고받고 알아 가며 함께 잘 지내는 것이 인생이 아닐까? 그로 인해서 어떠한 기회들도 더 다양하면서 훨씬 더 많은 기회들을 만나게 될지도 모른다. 물론 반대로 부족한 부분 때문에 안 좋은 일들과 불편한 것들이 생길수도 있지만 그것 또한 내 자신을 다시 한번 돌아보고 정말로 내 자신이 가야 할 길인지 그리고 그것이 정말로 안 좋은 일이며 불편한 것인지에 대해 생각해 볼 수 있는 계기가 될 수도 있다.

시간은 우리 개개인이 어떤 나무인지를 알고 있다. 그래서 우리에게 "나무답게 '즉' 나답게 살아가라."라며 계속 경험을 통해 생각하게 하고 때로는 고민해 보게 만들면서 내가 어떤 나무인지 그리고 어떤 환경에서 자라야 건강하게 자랄 수 있는지를 알려 주려 하고 있다. '나'라는 나무가 있음으로 인해 주위의 환경이 어떻게 되는지 그리고 나도 어떻게 자라고 있는지를 볼 수 있다면 나는 수많은 영양분을 잘 받으면서 잘 크는 나무가 될 것이고 도움이 되는 나무가 될 것이다.

나무는 걸어 다닐 수 없는 존재지만 우리를 '걸어 다닐 수 있는 나무'라고 생각해 본다면 우리는 각자 자신이 어떻게 해야 기운이 생기고 잘 자라며 내 주위에 어떤 나무들과 식물들 그리고 동물들과 곤충들이 있어야 행복한지 장소를 계속 옮겨 다니며 '나의 자리'를 위해 함께 지낼 수 있는 장소와 친구들을 찾게 될 것이다. 그 과정 속에서 함께 지내는 친구들의 모습 속에 내가 있음으로 인해 좋아진다면 잊지 말아야 하는 것이 있다. 그것은 바로 '나만 잘해서'가 아니라는 것. 내가 나무로서의 역할로 살아가고 일을 하듯 다른 이들도 각자의 역할을 함으로써 모두를 도와주어 그것이 모이고 모여 숲이 되고 숲속에서 조화를 이루어 자연이 되어 함께 살아간다는 것을 절대 잊어서는 안 될 것이다.

나를 알아 가는 시간

사람마다 다른 환경에서 살고 있지만 각자 자신들의 상황에 맞춰 함께 생활하는 법도 중요하다. 내 자신의 상황에 맞춰 살아간다고 해도 나만을 위한 생각으로 행해선 안 되고 나를 희생해 배려만 해서도 안 될 것이다. 왜냐하면 우리는 인생을 살아가고 있기 때문이다.

처음부터 아는 사람은 없고 처음부터 잘하는 사람도 없다. 혼자서 지내는 법도 함께 지내는 법도 모두 처음에는 서툴고 실수하는 경우는 당연한 것이다. 어떠한 경우에도 중요한 것은 나라는 사람이 어떤 사람인지 아는 것이다.

당신은 자신에게 얼마나 신경을 써 주고 있는지 생각해 본 적이 있는가? 내 자신이 원하는 것과 하고 싶은 것이 있을 것이고 행복하게 살아가기 위해 노력하고 있을 것이라 생각한다. 그렇기에 내 자신이 무엇을 잘하고 못하는지와 좋아하고 싫어하는지 등 끊임없이 자신을 보려는 노력이 필요하지 않을까?

내 자신이 하고자 하는 일에 부족한 점이 있다면 나를 위해 부족한 것을 채우려 노력해야 할 것이고, 내 자신과 맞지 않는 일이란 걸 느꼈다면 때로는 잠시 놓고 다른 일을 해 보거나 그만두는 것도 나를 보살피는 일일 것이다.

혹시 이 부분에서 부정적으로 느껴지거나 전혀 뜻을 모르겠다고 느낀다면 나는 괜찮다고 말하고 싶다. 아직 당신은 자신이 무엇을 잘하고 싶은지 모를 수도 있고, 왜 잘해야 하는지 모를 수도 있으며, 어떻게 해야 하는지 모를 수 있기 때문이다.

더욱이 왜 그것들을 좋아하고 싫어하고 잘하고 못하고 등에 대한 이유에 대해서 잘 아는 경우도 있지만 잘 모르는 경우가 더 많기도 하다.

즉 중요한 것은 지금의 내 자신을 알려고 노력하는 것이지 않을까? 잘하는 게 무엇인지 안다면 더 발전시키면 되는 것이고, 못하는 게 있다면 이유가 무엇이고 정말로 해야 하는 일인지 진중하게 생각해 보면 그에 대한 답이 나올 것이다. 누구나 타고난 장점이 있다.

하지만 세상은 빨리 성공해야 한다는 압박감을 주고 자신을 위해 투자하는 시간이 별 볼일 없는 일처럼 느껴지게 빠른 변화와 성공과 실패의 사례를 지속적으로 보여 주어 내 자신에게 집중할 수 있는 시간을 주지 않는 것처럼 느껴지기도 한다.

이것으로 인해 잘하고 있음에도 자신을 의심하고 비판하는 경우가 있을 수 있다. 시간은 똑같이 주어졌지만 살아가는 환경은 사람마다 모두 천차만별이기에 생각과 고민 그리고 힘든 이유 등이 모두 다 다르고 경우에 따라 틀리다고 할 수 있을 정도로 수많은 환경들이 있다.

각자의 환경과 삶이 다른 게 세상이고 인생이다. 성공한 사람의 경우는 너무나 많고 다양하다. 하지만 진실된 성공의 기준은 거짓 없는 웃음에서 나올 것이며 껍데기만 있는 성공은 거짓스러운 웃음과 공허함이 가득할 것이다.

 진실된 행복은 나를 변화시키고 당당해지며 자신감이 생긴다. 그리고 소중한 사람들과 함께 거짓 없는 웃음과 편안함으로 매일을 살아가고 무슨 일이 있더라도 서로 힘이 되어 줄 것이다. 하지만 진실되지 않은 행복은 이기적인 생각과 모든 일에 자신만의 이익을 위해 사람을 대하고 진심으로 원하는 것을 보지 못하여 일시적인 쾌락에 의존하는 행동으로 방황할지도 모른다. 진심으로 원하는 행복과 편안한 것이 무엇인지 모르다 보니 더 자극적인 것들을 찾고 또 찾다 정말로 중요한 것들을 잃고 후회하는 지경으로까지 갈 수도 있다.

 자신을 위한 작은 표현을 할 수 있느냐 없느냐의 시작에서 많은 차이가 있다.
 그 표현은 자신에게 하는 것일 수도 있고 사람들에게 하는 것일 수도 있다.
 표현하는 이유는 '나를 알아 가기 위해서'라고 생각

한다면 좋을 것이다. 그리고 그 표현들을 통해 많은 것들을 경험하고, 그 경험들을 통해 생각하고 고민하는 등 내 자신과 시간에게 가르침을 받으며 살아가는 게 어쩌면 나를 알아 가는 시간이지 않을까?

포기 속에서의 기회

어떤 포기는 나를 편안하게 할 수 있지만 어떤 포기는 나를 힘들게 할 수도 있다.

놓을 줄 아는 용기는 새로운 용기를 줄 때가 있고, 잡을 줄 아는 용기 또한 나아갈 수 있는 원동력이 될 수 있다. 지금 그 일을 놓아야 하는지 아닌지, 무엇을 해야 하는지 또한 스스로가 알고 있을 것이다. 하지만 그만두지 못하는 이유는 미련이 남아서일 수 있고, 지금 당장 할 수 있는 것이기 때문일 수도 있다.

욕심으로 붙잡고 있을수록 포기하기는 어려울 것이고 어려울수록 그것을 더 붙잡기 위해 옳지 않은(정직하지 못한) 일을 할지도 모른다. 만약 옳지 않은 것을 옳은 것으로 둔갑시켜 자신만의 세상으로 만들려 하고 그 욕심대로 이루어진다면 그것이 커지고 커져 더 악한 세력으로서 힘을 더 키워 말도 안 되는 세상을 만들어 나가려는 상황이 될지도 모른다. 만약 그렇게 세상이 변해 간다면 우리가 살아가는 세상은 악한 세상이 되어 대부분 악하게만 살아가려 할 것이고, 그것이 정상적인 세상과 삶의 방식이라고 생각할지 모른다.

시작은 별거 아닌 개인적인 바람이라고 생각할 수 있지만 욕심으로 갈망한다면 그것은 더 커질 뿐이고 별거 아닌 욕심의 시작이 집단의 욕심이 되어 거기서 더 악영향을 주는 큰 집단이 될 것이고 욕심으로 갈수록 정당한 방법을 생각하지 않고 어떤 상황에서든 무조건적으로 자신의 이득만을 우선적으로 선택하여 그 일들을 이행하려 할 것이다.

욕심이란 빠져나오기 힘든 늪과 같다. 판단력을 잃게 되면 더 깊은 곳에 빠져 갇히게 되고, 나중에는 아무것도 못 할 정도로 움직이지 못하는 상황까지 갈 수 있다. 후회해도 그때는 이미 늦었고 만약 빠져나왔다 하더라도 늪에 들어가기 전처럼 살아가려면 엄청난 시간을 들여 되돌려야 할 수도 있다.

목표를 잃고 목적을 잊고 뭘 해야 할지 찾지 못할 때 가장 위험한 것은 그저 무작정 성공을 해야 한다는 신념을 가졌을 때일지도 모른다. 옳은 것과 옳지 않은 것 상관없이 성공에만 집중한다면 당장의 큰 이익만 생각하고, 옳은 것처럼 보이게 하면서 결국 옳지 않은 쪽으로 행하게 될 것이다. 성공한 것의 기준으로 당장의 더 큰 이익만을 생각하며 계속 가리기에 바쁘고 어떻게 하면 더 큰 이익을 얻을 수 있을지에 대한 생각으로 옳지 않은 성공에 더 집착하게 될 것이다. 그에 따라 성공할수록 불안 속에서 비슷하게 성공한 사람들과 잔인한 경쟁을 하며 더 악해져야 하고 비열해져야 하는 법을 터득해야 살아남을 것이고, 점차 정말 자신이 왜 그 행동들을 하는지 이유도 모르면서 오직 성공만을 따라가다 돌이킬 수 없는 상황으로 만들지도 모른다.

그렇기에 시간이 우리에게 계속 알려 주고자 하는 가르침은 "당신은 누구인가?"라는 질문을 통해 내 자신을 알아 가고 또 그것을 통해 세상을 볼 줄 아는 사람으로 만들어 주려는 것이 아닐까?

복
된
시
간

사람은 누구나 복(福)을 받고 싶어 한다. 만약에 신께서 당신에게 한 가지 복을 당장 주겠다면 어떤 복을 선택하고 싶은가? 정말로 만약에 그런 일이 있다면 저자는 인복(人福)을 원한다고 말씀드릴 것 같다.

인생에 있어서 가장 중요한 것이 인복이라 생각한 이유는 모든 일에는 반드시 사람과 함께하고 사람을 통해 변화가 있기 때문이다.

즉 인복은 인생(人生)에 있어서 정말 중요한 것이 아닐까? 물질도 중요하다. 하지만 그 물질도 사람과 사람의 인연으로 시작되어 하나하나씩 채워지고 그로 인해 '내 삶의 인생을' 써 내려간다. 만약 단순히 돈만 벌면 된다, 얻으면 된다는 마음으로 자신의 이득만을 위해 움직이려 한다면 당장엔 조금 버는 것 같고 잘하는 것처럼 보여도 시간이 지나고 보면 정작 손에 쥔 것은 부질없는 것들인 경우가 많을 것이다.

우리 삶에 가장 필요하면서도 가장 위험한 것을 생

각해 본다면 '돈'일지도 모른다.

 지금 쥐고 있는 것이 어떤 방법으로 쥐게 된 돈이냐에 따라 삶의 환경이 달라질 것이고 환경이 달라지는 만큼 생각지도 못한 부분들마저 크게 달라질 수 있다.

 내가 잘할 수 있는 것으로 얻은 것이고 많은 사람들과 진심으로 연결되어 얻은 결과라면 돈의 액수도 물론 중요하게 생각하겠지만 마음에서 오는 만족감이 더 클 것이다. 누군가에게 감사한 마음도 있어 무엇으로든 보답하고 싶어 마음을 담은 편지와 선물 등으로 인사를 전하려고 할 것이다. 하지만 욕심으로 인하여 얻은 것은 사람들과 연결되어 있어도 이용하기 위해서만일 것이고 무언가 해냈다는 감사함 없이 오직 돈 액수만을 보며 소름 돋는 미소로 만족해하는 악마와 같은 모습으로 보일지 모른다.

 돈은 그저 우리에게 있어 생활하기 위한 도구일 뿐 그 이상 그 이하도 아니다. 하지만 생활하는 데 있어 문제가 있을 정도로 부족하거나 많다면 돈의 본질을 잊은 채 생활 즉 살아가기 위해서가 아닌 돈만을 목적으로 한 욕심과 탐욕으로 변질될 삶을 살아갈 수도 있다.

바람은 그저 편히 있을 수 있는 집이고 함께 웃으며 지낼 수 있는 소중한 사람(가족)들과의 삶이지만 물질적으로 생활하기 힘들 정도로 부족할 경우 모두가 예민하고 하루하루의 삶을 살아가기 벅차다는 생각을 많이 하게 된다. 그럴수록 '더 빨리', '더 많이'라는 말을 많이 하고 그것이 삶의 목표가 되어 버리는 경우도 있다.

도대체 어떻게 살아야 내가 만족하고, 함께 만족하며 살아갈 수 있는 걸까? 그냥 집에서 편안하게 있는 게 바람일 뿐이고 서로서로 웃으면서 진심을 나누고 싶을 뿐인데 말이다.

마음을 편하게 만들고 걱정 따위들을 하지 않고자 열심히 노력하며 살고 있지만, 그것은 생각보다 쉽지 않다. 그 이유는 인간(人間)이기 때문일지도 모른다. 인간(人間)은 누구나 자신의 기준이 있다. 그래서 우리는 충돌한다. 또한 자신의 기준과 비슷한 사람, 거의 똑같은 사람을 만나도 모든 것이 나와 같지 않기 때문에 충돌하는 경우도 있다. 이것은 '당연한 일'이다. 왜냐하면 모두가 안심(安心)한 삶을 살고 싶어 하기 때문이다.

나에게는 맞는 것이지만 상대방에게는 아닐 수도 있다. 또한 나에게 안 맞는 것이지만 상대방에게 맞는 것일 수도 있다. 여기서 중요한 것은 '나에게'이다. 무슨 말이냐 하면, 내가 해야 할 것과 하지 말아야 할 것 그리고 나의 장점과 단점이 무엇인지 아는 것 그리고 내가 어떤 일을 하는 이유 등을 알고 나아가야 한다는 것이다. 왜냐하면 우리는 인간(人間)이기 때문이다.

인생은 함께 살아가면서 서로가 깨닫고 함께 나아가며 살아가게 된다. 같은 목표를 가지게 되었다 하더라도 처음만 같을 수 있고, 혹은 처음부터 각자가 원하는 삶과 원하는 것들이 다를 수 있다. 그리고 자신들의 장점이 뭔지 모를 때 누군가를 통해서 듣게 되고 알게 되면서 생각하게 되고 단점에 대해서도 고민하고 노력하며 '진짜 나의 모습'을 찾아가게 된다.

누군가를 보며 편안함을 느끼고, 내 모습을 보며 안정감을 느끼고, 세상을 보며 미래가 그려지는 삶 그것을 통해 내 자신이 어떻게 살아가고 싶은지 어떤 사람과 함께하고 싶은지를 알아 가면서 나를 아는 만큼 진정으로 원하는 삶은 안심(安心)하며 살아가고 싶어 하는 게 삶이 아닐까?

비슷한 상황에 놓여 있어도 어떤 마음가짐으로 지내는지에 따라 큰 변화가 있다고 생각한다. 사람은 누구나 긍정적으로 살아가려고 노력한다. 이것 자체도 복된 시간 중 하나일지도 모른다. 좋은 사람을 만날 수 있는 기회, 좋은 환경을 맞이할 수 있는 기회, 내가 어떤 사람인지 알 수 있는 기회에 대한 것을 세상을 통해서 보고 생각하며 도전해 볼 수 있는 시간들 모두가 귀한 시간일 것이다.

무심코 지나갔던 감정과 생각들에서 우리는 나중에 깨닫는 경우가 있다. 그중 생각과 고민 걱정으로 느끼게 되는 것에서 힘들어하기보다 받아들이고 때로는 잘 넘기고 또 때로는 이겨 내고 아무렇지 않게 대처할 수 있도록 하는 것이 중요하지 않을까? 시간은 우리에게 자연스럽게 받아들이는 것을 알려 주고 있는 것일지도 모른다.

잡념
(雜念)

세상을 살면서 반드시 해야 하고 반드시 거치게 되는 것 중에서 잡념(雜念)은 최소 한 번은 해 봐야 하는 것이라고 생각한다. 그 시작은 사람마다 다를 테고 생기는 원인 또한 다양할 것이다. 그렇다면 이 잡념의 시작은 어디서부터일까? 그건 아마도 걱정 근심 질투와 같은 것들에서 시작할 것이고 누구나 내가 원하는 것 혹은 상대방을 생각하는 것과 나라를 생각하는 것 등에 의한 자신들만의 고민과 걱정들이 있다. 그렇기에 잡념(雜念)의 시작은 어쩌면 살아 있기 때문일지도 모른다.

　지금 이 책을 읽고 있는 당신의 잡념(雜念)에 대한 관점에 대해 알 수 없다. 하지만 너무 부정적이게 생각하지 않았으면 한다. 왜냐하면 우리는 살아가고 있기 때문이다. 살아 있기 때문에 느끼며 사는 것이고, 살아 있기 때문에 동기부여를 받는 것이며, 살아 있기 때문에 노력하는 것이 아닌가? 잡념은 어디서든 올 수 있는 것이고 어떤 상황에서 올지 모르는 것이 당연한 것이다.

힘들어할 수 있고 때로는 우울할 수도 있다. 하지만 그건 우리 삶에 있어서 누구나 다 적어도 한 번씩은 겪는 일이라는 것을 잊지 말고 지금의 상태를 인정하고 살아가는 것이 중요하다. 왜냐하면, 알고 있다면 해야 할 것과 하지 말아야 할 것을 알 수 있기 때문이다.

또한 잡념을 이겨 내는 법이라기보다 공존하는 법은 지금 나의 상태가 어떤지 파악하고 그것에 맞춰 차근차근 하나씩 해결해 나가다 보면 더 나은 상황과 내 자신의 상태를 만들 수 있지 않을까? 즉 잡념을 하기 때문에 때로는 새로운 방법을 찾아낼 때도 있다는 것이다. 때로는 긍정적인 생각이 들기도 하고 또 때로는 부정적인 생각이 들기도 한다. 그 긍정과 부정 사이에서 든 여러 생각들을 너무 고민하듯 받아들이기보다 있는 그대로를 받아들이되, 해결하기 위해 생각하기보다는 알기 위해 생각하고, 먼저 고민하기보다는 받아들이는 것이 나를 덜 힘들게 만들 것이며 내 자신을 볼 수 있는 시간이 될 것이다.

분명한 것은 우리 인생에 있어서 잡념은 반드시 거쳐야 하는 과정일 뿐 그 이상 그 이하도 아니라는 것이다. 그 시간들을 통해 무언가를 알게 되고 점차 깨닫게 되어 '어떠한 방법'들을 만들어 내고 발전시키면서 내 자신을 위해 살아갈 수 있다는 생각으로 살아가는 것이 나를 위해서이기도 하지만 더 나아가면 모두를 위해서일지도 모른다.

진심으로 잘되기를 바라는 마음 그것만큼 아름다운 것은 없을지도 모른다.

기도
(祈禱)

우리는 알게 모르게 기도(祈禱)를 하게 된다. 내가 잘되기를 바라는 마음, 내 가족, 친구, 연인 등이 잘되기를 바라는 마음에서 바라보는 것이 곧 기도이고 응원하는 마음 자체가 힘을 주는 일이라는 마음이 담겨 있는 것이 아닐까? 나에게 어떠한 상황이 생겼을 때 좋은 일에 기쁨과 축복을 받으면 그 기쁨과 축복의 감사함은 배가 된다. 더 힘이 나고 자신감도 생기면서 할 수 있다는 마음과 잘하고 있다는 생각이 들게 되며 무엇보다 혼자가 아니라는 것을 느끼게 된다.

또한 안 좋은 일이 생겼을 때 위로를 받으면 안 좋았던 마음이 조금이나마 위안이 되고 그 사람들에게 감사함을 느끼게 된다. 나중에 나에게 위로해 준 사람들에게 무슨 일이 생기면 그때 힘이 되어 주고 싶고 걱정하며 어떠한 도움을 주고자 하게 된다. 왜일까? 그 이유는 진심이 담겨 있고 함께 살아가고 있기 때문일 것이다.

살다 보면 필요한 것과 필요 없는 것 모두 경험하게 되고, 모르기 때문에 실수할 수도 있다. 하지만 우리는 경험 속에서 분별할 수 있는 능력을 발견하게 된다.

득실
(得失)

우리에게 있어서 삶의 가장 중요한 부분 중 하나라고 할 수 있는 것은 득실(得失)이라고 생각한다. 어떻게 무엇을 득(得)하고 실(失)했는지에 따라 우리 자신의 '인생의 길'이 달라질 수도 있기 때문이다. 내 자신에게 정말 필요한 득이라면 나에게 도움을 주겠지만 내 자신에게 필요하지 않은 득이라면 나에게 힘듦만을 줄 수도 있다. 또한 실도 마찬가지이다. 나에게 필요한 실이라면 깨달음과 더 나아갈 힘을 주겠지만 나에게 필요하지 않은 실이라면 자책과 후회만을 줄 수도 있다. 득과 실은 중요하다. 하지만 그보다 더 중요한 것은 통찰을 통한 배움이다.

우리의 삶은 소중하다. 그렇기에 내 자신의 인생도 함부로 해서는 안 된다. 자신을 위해 노력하는 것도 누군가를 위해 노력하는 것도 모두 선택에 의해서 길이 계속 바뀔 것이다.

선
택
(選擇)

선택(選擇)이란 우리에게 '어떤 길'로 갈지에 대한 질문을 해 주는 안내자이다. 우리는 수많은 길 중 내 자신이 생각하였을 때 '좋은 쪽'이라 판단하여 선택한 길로 향하게 된다. 여기서 좋은 쪽은 마음적일 수도 있고 물질적일 수도 있다. 어떤 선택을 하든 그 이유는 내 자신이 어떠한 득과 만족이 많고 실에 있어서도 책임질 수 있는 것이라 생각되어 선택한 것이다. 무조건 좋은 일만 있을 수는 없으며 또한 무조건 안 좋은 일만 있지는 않을 것이다.

그 결과에 대한 상황에 맞춰서 내가 처한 상황을 잘 보면 정말로 내가 알아야 할 것을 알려 주지 않을까? 무엇을 해야 하고, 무엇을 하지 말아야 하는지와, 무엇을 선택하여 왜 그런 일이 일어났는지 등을 내 자신이 나에게 질문하고 생각하게 만들고 그 일에 대해 옳고 그름을 알려 주려고 하는 것이 아닐까? 그렇기에 우리는 무엇을 선택하는 것에 있어서 너무 무겁게 하는 것도 안 되지만 너무 가볍게 여겨서도 안 될 것이다.

우리 삶에서 의미 없는 것들은 없다. 다 사는 이유가 있고 노력하는 이유가 있다. 지금 당신이 하고 있는 모든 일은 반드시 어떠한 이유가 있어서이다.

의
미
(意味)

우리의 삶은 다 다르다. 그렇기에 각자의 생각과 중요한 것들도 다 다르다. 누구의 소중함을 함부로 평가해서는 안 되며, 자신의 소중한 것에도 과하게 의미(意味)를 부여해서는 안 될 것이다. 인생에 있어서 우리는 모두 의미를 가지고 살아간다. 그 의미를 존중하는 법은 먼저 내가 누구인지, 내가 무엇을 잘하는지, 내가 무엇을 못하는지 등을 알고 내가 나로서 고민하고 생각하며 나아가다 보면 '나를 위한 의미가 곧 남들을 위한 의미'가 될 것이다. 지금의 당신이 노력하고 있는 그 의미는 빛을 보게 되어 있다. 사람은 누구나 의미 있게 살아가고 있다. 당신이 숨을 쉬고 있는 것은 '살기 위한' 의미이다. 당신은 지금 숨을 쉬고 있는 것만으로도 의미 있게 살고 있다는 것을 잊지 말았으면 한다. 의미 없는 행동은 없으며 또한 의미 없는 것들은 없다. 단지 어떤 생각을 가지고 그 상황을 '어떻게' 받아들이는지에 따라 달라지는 것일 것이다. 그 상황과 자신의 생각 그리고 그것에 대해 내린 행동은 각자 자신이 내린 결론에 의한 자신만의 의미를 가지고 결정한 것일 것이다.

그리고 그것에 대한 대가가 어떤지 또한 알고 결정한 일일 것이다. 그것이 성공의 길일 수도 있고 실패의 길일 수도 있다. 하지만 성공을 하든지, 실패를 하든지 내가 어떤 의미를 가지고 그 상황을 받아들이는지에 따라 또 다른 길의 성공과 실패의 기회와 경험을 통해 자신을 알아 가며 당연하게 여기던 부분을 다시 생각할 수 있는 의미 있는 삶을 살도록 하는 것이 정말로 중요하고 감사해야 하는 일이 아닐까?

너무 과하게 힘을 써도 안 되지만 또한 너무 나태하게 해서도 안 된다. 적당한 선에서 항상 중심을 잡고 사는 것이 정말 잘 사는 것이 아닐까?

여유
(餘裕)

여유(餘裕) 있는 삶이란 무엇일까? 이것 또한 사람마다 다를 것이다. 어떤 이는 돈이 많은 삶, 어떤 이는 개인의 시간이 많은 삶, 가족과 함께하는 삶 등 각자가 생각하고 경험한 삶에서 가장 좋게 기억하는 것을 기반으로 여유로운 삶을 정하게 된다. 사람마다 여유로운 삶은 다르겠지만 건강하게 살기 위한 삶의 생각은 우리 모두 같을 것이다. 여유롭다고 하여 일을 안 하는 것은 아니며 대충하는 것도 아니다. 해야 하는 일에 있어서 급하지 않게 하되 나 자신답게 모든 일을 행하면 오히려 무언가를 해내려고 할 때보다 더 좋은 과정과 결과를 얻을 수도 있다.

어떻게 무엇을 하기 위해 열심히 하고 있는지 누구보다 내 자신이 잘 알기에 일하는 것도 쉬는 것도 모두 노력해야 하는 것이며 무엇 하나 중요하지 않은 것은 없다.

노력
(努力)

당신이 생각하는 그 노력(努力)은 틀린 것이 아니며 단지 사람들과 생각이 조금 다를 수 있다는 것을 기억해야 한다. 사람마다 '잘할 수 있는 것과 잘할 수 없는 것'이 있듯이 자신만의 그리고 누군가가 잘할 수 있는 방법과 노력도 인정해 줘야 한다. 하지만 반드시 거쳐야 하는 공통된 노력을 해야 한다면 불만보다는 생각을 먼저, 불평보다는 행동을 먼저 그리고 그 경험을 통해 함께하는 법을 알아 가게 되면서 살아가는 것이 아닐까? 자신의 직업으로 하기 위한 노력이라면 정말로 신중하고 냉철하게 해야 할 것이다. 그리고 무언가를 즐기기 위해서라면 그것을 정말로 '즐기는 목적'으로 하고 있는지 자신의 상태를 계속 살피며 즐기려고 노력하고 있는지도 봐야 할 것이다.

순리 속에서 정직함을 찾고 정직 속에서 순리대로 살아가려고 한다면 참된 복을 받게 되는 것이 아닐까?

순리(順理)와 정직(正直)

인간으로서 잘 살기 위해 반드시 알아야 할 '3가지'가 있다면 나를 아는 것이고, 사람을 아는 것이고, 세상을 아는 것일지도 모른다. 나를 알아야 최소한 나를 지킬 수 있고 사람을 알아야 거짓되게 살지 않을 것이며 세상을 알아야 악해지지 않을 것이다.

자신을 속이지 말고 사람들을 속이지 않으면 세상에서 속임을 당하지 않을 것이고 사람들이 무엇을 원하는지 안다면 세상이 보일 것이며 내 자신이 무엇을 해야 하는지 알게 될 것이다. 세상이 어떤지 알고 있다면 사람들을 알게 될 것이기에 내 자신의 선택이 얼마나 중요한지 알게 될 것이다.

시간은 우리가 어떻게 행하여 왔는지에 대해 그대로 보여 주고 책임을 져야 한다고 알려 준다. 알면서도 도망치듯 회피한다면 그 시간만큼 감당해야 할 일이 더 커지고 그 일이 나중에는 많은 이들에게 피해를 줄 수도 있다.

무언가를 얻고자 한다면 반드시 해야 할 일이 있을 것이고 그에 마땅한 희생과 노력이 필요한 일이 있다면 그것을 피하지 않고 내 것으로 만들어야 참된 성공을 만들 수 있을 것이다.

어쩌면

어쩌면 우리는 다르기에 맞춰 가는 것이고,
어쩌면 우리는 다르기에 다투기도 하는 것일지도 모른다.

어쩌면 세상은 틀리기에 알려 주는 것이고,
어쩌면 세상은 틀리기에 경고하는 것일지도 모른다.

어쩌면 인생의 정답은 정해져 있을지도 모르지만,
어쩌면 인생의 정답은 만들어 가야 할지도 모른다.

어쩌면 항상 실패한다는 것은 나를 발견하는 것일지도 모르고,
어쩌면 항상 성공한다는 것은 나를 발견하지 못하는 것일 수도 있다.

그렇기에 어쩌면 산다는 것 그 자체가 가르침을 받는 것일지도 모른다.

내 자신의

내 자신의 목소리를 속이려고 한다면 얼굴이 망가질 것이며,
내 자신의 목소리를 속이려고 한다면 마음을 망가뜨릴 것이다.

내 자신의 목소리를 만들어 내려고 한다면 얼굴이 흉하게 변할 것이며,
내 자신의 목소리를 만들어 내려고 한다면 마음이 닫히게 될 것이다.

내 자신의 목소리는 소중한 것이며 내 자신의 목소리는 아름다운 것이다.

내 자신의 목소리는 내 자신을 절대 속이지 않는다. 그렇기에 목소리는 나를 진정으로 사랑한다.

자신의

　자신의 노력을 헛되게 하는 사람은 소중함을 모르고,
　자신의 노력을 헛되게 하는 사람은 헛된 것이 마음에 가득할 것이다.

　자신이 누군지 알려고 하지 않은 사람은 건강을 잃을 것이며,
　자신이 누군지 알려고 하지 않은 사람은 삶을 잃어갈 것이다.

　그렇기에 자신이 누군지 아는 것 그것만큼 큰 복은 없을지도 모른다.

성공한 것은

성공한 것은 당신의 재능이기에 부정할 수 없고,
성공한 것은 당신의 재능이기에 인정할 수밖에 없다.

성공한 것은 당신의 재능이기에 소중하게 생각해야 하며,
성공한 것은 당신의 재능이기에 함부로 대해서는 안 된다.

성공한 것에는 당신의 재능만이 있는 것이 아니며,
성공한 것에는 당신의 재능도 있는 것이다.

성공한 것에는 실패가 있었기에 얻은 것들이 있고,
성공한 것에는 실패가 큰 가르침이 되었을 것이다.

그렇기에 성공에는 겸손이 깃들어 있는 것이다.

시간 속에 삶이란

　내가 먼저 잘되는 것은 무언가를 얻을 수도 있지만 나만 잘되는 것은 무언가를 잃을 수도 있다.

　시간이란 진실 속에서 행한 대로 얻게 될 것이고 시간이란 진실 속에서 깨닫게 될 것이다.

　내 자신에게 주어진 시간을 감사할 줄 아는 것, 그것이 어쩌면 진실된 행복의 시간들일지 모른다.

　하늘을 속이려 한다면 땅이 기억할 것이고 땅을 속이려 한다면 하늘이 기억할 것이며 시간은 기록할 것이다.

　'자신을 속이지 않는 것' 그것이 모든 복(福)의 근원일 것이며 자신을 속이지 않는 법에 대해서는 이미 당신은 알고 있을 것이다.

각자의 자리에서 자신들의 역할을 해 주는 것만으로도 서로가 서로에게 도움이 되는 삶을 살아가는 것이 서로의 역할이자 각자의 역할일 것이다.

나의 시간이 소중한 만큼 누군가의 시간도 소중한 시간이다. 서로의 소중한 시간을 같이 보낸다면 서로가 소중하면서도 귀한 시간일 것이다.

글을 쓰고 난 후

  살면서 느끼고 경험하는 것들 모두 우리는 누군가에게 가르침을 받는 것일지도 모릅니다. 또한 나이가 들어 갈수록 그 가르침들은 많은 생각이 들게 하고 고민과 걱정이 많아지는 것이 인생인 것 같습니다. 피가 되고 살이 되는 깨달음을 주기도 하면서 그만큼 때로는 고통스러울 때도 있는 것 같습니다. 하지만 그 속에서 누군가 나에게 계속 가르침을 주고 있구나 하는 생각이 들었습니다. 그 대상은 '시간'이었습니다.

  시간은 거짓말을 하지 않고 급한 것도 없으며 그저 자신의 일을 묵묵히 하며 살아간다고 느꼈습니다. 그때 저는 '시간은 무엇을 하며 지나가고 있는 것일까?'라는 생각이 들었고, 제 삶에서 경험한 것들을 통해 어쩌면 각자 우리에게 삶에 대해 가르쳐 주고 있는 게 아닐까 생각해 보게 되었습니다. 그 가르침과 그에 따른 과정은 모두 다르겠지만 시간의 입장에서 내 자신 즉 우리에게 내 자신이 어떤 사람이며 무엇을 중요하게 생각하면서 살아가야 하는지에 대해 알려 주고자 하는 것은 같은 것이라 생각합니다.

당신께서는 어떤 시간을 보내 오셨고 지금 어떤 시간들을 보내고 계신가요?

제가 전하고자 했던 것은 여러분들께선 잘 살고 계시고 충분히 노력하며 살고 있다는 것을 알려 드리고 싶었습니다. 지금 우리가 살고 있는 21세기 2024년의 삶은 치열하게 이겨야 하고 그것만이 성공적인 인생처럼 보일 때가 있습니다. 그것도 물론 중요하고 우리 삶에 있어 없어선 안 되는 것이죠. 하지만 경쟁하지 않아도 되는 것에도 경쟁을 하고 그로 인해 편안하게 지내는 삶을 잃어버린 채 살아가고 있는 게 아닐까요? 혹시 지금 억지로 행복한 척 살아가고 있지는 않으신가요? 충분히 평범하게 편하게 살 수 있는 조건이 되었음에도 불구하고 무언가 뒤쳐진다는 생각에 계속 불안해하며 지내고 계시지는 않으신가요?

정말 잘 산다는 건 누군가에게 보여 주는 삶이 아닐 겁니다. 가족과 함께 그저 진실된 웃음으로 살아가고 연인과 친구 등 아무것도 하지 않더라도 같이 있는 것만으로도 얘기할 것이 있고 웃을 수 있는 편안함을 느낄 수 있는 삶이 정말로 우리가 원하는 삶이 아닐까 생각합니다.

당신의 시간은 소중하며 잘 살아가고 계십니다. 시간은 당신의 모든 것을 기록하고 있고 그 기록을 보며 알려 주려 하고 있습니다. 해야 할 일, 하지 말아야 할 일, 놓치고 있는 일 등 모든 일에 대해 알려 주고자 하는 이유는 각자 우리 자신이 잘 살 수 있도록 하기 위함이면서 우리가 다 같이 잘 살아갈 수 있는 상황을 만들어 주기 위해서일지도 모릅니다. 지금 이 순간에도 시간은 당신을 진심으로 돕기를 원하고 있습니다.

가족, 친구, 연인, 스승 이외에 당신을 위해 항상 응원하고 기도하는 소중한 사람들의 바람이 큰 힘이 되어 주고 있다는 것을 잊지 마시고 저도 항상 기도하며 응원하겠습니다.

끝인사

저는 "지금 괜찮으신가요?"와 같은 질문들을 통해 편안함을 드리고 싶었습니다.

너무 힘들게 지내다 보면 우리는 내 자신을 챙길 마음의 여유가 없고 때로는 무엇이 옳고 그른지에 대해 판단하기도 어려울 때가 있죠. 그렇게 되면 내 자신만 못 챙기는 것이 아닌 주위에 있는 소중한 모든 것들을 챙기지 못하게 되어 후회가 쌓이고 쌓여 혼자 힘들어 하는 모습을 보이게 됩니다. 저도 이러한 경험들이 있었고 또 주위에서도 비슷한 일들을 겪는 분들을 보며 저는 가능하다면 그리고 '혹시라도'라는 마음으로 여러분들의 삶에 힘이 되는 내용이기를 바라며 응원과 기도하는 마음으로 써 보게 된 것 같습니다.

누군가의 경험과 얘기도 중요하겠지만 저는 여러분들의 삶 속에서 생각하시고 그 안에서 답을 찾아가시기를 바라는 마음에서 《시간의 가르침》을 얘기해 보게 된 것 같습니다.

오늘도 내일도 힘찬 하루하루가 되시길 바랍니다.

이 책을 출판할 수 있도록 도와주신 지식과감성# 장길수 대표님과 직원 이주연 님, 오정은 님, 정은솔 님, 김윤길 님, 정은혜 님 감사드립니다. 또한 항상 응원해 주시고 고생하시는 우리 가족들과 멀리 있어도 연락하며 응원해 주는 친구들과 지인분들께도 진심으로 감사드립니다.

수많은 책들 중 제 책을 선택해 주시고 읽어 주셔서 감사합니다.